Date Due

Bayfield			

Everyman's Heritage   Notre patrimoine

Everyman's Heritage

Notre patrimoine

An Album of Canadian Folk Life

Magnús Einarsson

Images du peuple canadien

Magnús Einarsson

Canadian Centre
for Folk Culture Studies
National Museum of Man
National Museums of Canada

Centre canadien d'études
sur la culture traditionnelle
Musée national de l'Homme
Musées nationaux du Canada

Published by the
National Museum of Man
National Museums of Canada
Ottawa, Canada
1978

©Crown copyrights reserved

Catalogue No. NM92–62/1978

Printed in Canada

Hard cover: ISBN 0–660–00101–2
Soft cover: ISBN 0–660–00124–1

Typesetting
Runge Press Ltd., Ottawa

Photo-reproduction and printing
Hunter Rose Company Ltd., Toronto

Publié par le
Musée national de l'Homme
Musées nationaux du Canada
Ottawa, Canada
1978

©Droits réservés au nom de la Couronne

Nᵒ de catalogue NM92–62/1978

Imprimé au Canada

Relié: ISBN 0–660–00101–2
Broché: ISBN 0–660–00124–1

Composition
Runge Press Ltd., Ottawa

Reproduction des photographies et impression
Hunter Rose Company Ltd., Toronto

The author was assisted by Stephen Delroy in collecting photographs for this album. Eiko Emori was largely responsible for the final selection and for establishing the sequence; she also designed the book. Viviane Appleton edited the English manuscript and coordinated the project. Madeleine Choquette-Delvaux prepared the French text. The Gilles Lacombe drawings on the end papers are from the group he created for the permanent exhibition, "Everyman's Heritage: The Canadian Odyssey", at the National Museum of Man, Ottawa.

Lors de l'élaboration de ce catalogue, l'auteur a obtenu le concours de Stephen Delroy pour la recherche des photographies. Eiko Emori a joué un rôle important dans la sélection finale des photographies et dans leur arrangement dans l'album; elle est responsable de la conception graphique du volume. Viviane Appleton a révisé le manuscrit anglais et coordonné le projet. Madeleine Choquette-Delvaux a préparé le texte français. Les illustrations de Gilles Lacombe apparaissant sur les pages de garde ont été tirées de la série de dessins qu'il a créés pour l'exposition permanente «Notre patrimoine: l'odyssée canadienne», au musée national de l'Homme à Ottawa.

List of Lenders

Institutions across Canada supplied the photographs reproduced in this book. I am most grateful for their help and cooperation. I also want to thank my colleagues at the Canadian Centre for Folk Culture Studies, who took the bulk of the photographs credited to the National Museums of Canada. The lenders are listed in alphabetical order, with the page numbers on which their photographs occur.

Canadian Government Office of Tourism, Ottawa
83, 166, 193

Glenbow Archives, Calgary
16, 22, 54, 69, 74, 76, 77, 86, 95, 102, 107, 109, 110, 112, 114, 116, 142, 144, 147, 150, 159, 188

McCord Museum, Montreal
78–79 (*see also* Notman Archives)

National Film Board of Canada, Ottawa
27, 36, 40, 43, 49, 56, 57, 58, 59, 60, 61, 66 left, 67, 68, 87, 88, 90, 96, 97, 100, 101, 117, 120, 121, 122, 123, 124, 125, 128, 129, 130, 131, 132, 143, 148, 152, 153, 154, 155, 156, 157, 162, 164, 165, 182, 184, 191, 192, 195

National Museums of Canada, Ottawa
26, 28 (Pirker Coll.), 32, 44, 46, 48, 51, 52, 66 right, 73, 91, 92 (Fougner Coll.), 98, 99, 111, 113, 115, 126, 133, 134, 135, 138, 141, 145, 149, 151, 160, 167, 174 (Mattie Coll.), 177 (Hoe Coll.), 178, 181, 190, 194, 197, 199, 200

Liste des prêteurs

De nombreuses institutions canadiennes ont fourni les photographies reproduites dans cet album. Je leur suis grandement reconnaissant de leur aide et de leur collaboration. Je tiens aussi à remercier mes collègues du Centre canadien d'études sur la culture traditionnelle qui ont fourni la plupart des photographies au nom des Musées nationaux du Canada. Les noms des prêteurs sont donnés en ordre alphabétique et ils sont accompagnés des pages sur lesquelles apparaissent leurs photographies.

Archives Notman, musée McCord, Montréal
23, 34, 41, 42, 70–71, 170, 173, 185

Archives publiques du Canada, Ottawa
17, 18, 19, 29, 31, 53, 93, 158 (Dale Thomson), 175, 186, 187, 189

Glenbow Archives, Calgary
16, 22, 54, 69, 74, 76, 77, 86, 95, 102, 107, 109, 110, 112, 114, 116, 142, 144, 147, 150, 159, 188

Musée McCord, Montréal
78–79 (*voir aussi* Archives Notman)

Musées nationaux du Canada, Ottawa
26, 28 (Coll. Pirker), 32, 44, 46, 48, 51, 52, 66 à droite, 73, 91, 92 (Coll. Fougner), 98, 99, 111, 113, 115, 126, 133, 134, 135, 138, 141, 145, 149, 151, 160, 167, 174 (Coll. Mattie), 177 (Coll. Hoe), 178, 181, 190, 194, 197, 199, 200

Table of Contents

Table des matières

Introduction

Man creates folklore, in day-to-day life, by interpreting his existence and environment with his imagination, guided by traditional concepts.

Folklorists study the products of this interpretation, which include traditional music, literature, art, customs, beliefs, and material culture.

Few countries in the world have a body of folklore as rich in variety as Canada's. Our regional cultures, our inherited ethnic traditions, as well as our mainstream and city lore make it one of our great cultural resources. The photographs reproduced here offer ample testimony to this diversity.

Sustained scholarly interest in folklore began in Germany with the work of the Grimm brothers in the nineteenth century. It soon spread to northern and eastern Europe, especially among conquered nations seeking to establish their own identity and independence. Through the recording of oral traditions and the vernacular, these countries hoped to find their distinctive national soul, encourage national pride, and so be ready to take on their oppressors and demand their freedom.

In Great Britain the collecting of "popular antiquities" became something of a national pastime, with vicars and school teachers poking into every nook and cranny of the kingdom looking for fairy-tales, ballads, remnants of myths, superstitions, and bits of folk wisdom. The word *folklore* (that is, the lore of the people) was coined in 1846 by William Thoms, who called it "a good Saxon compound". He intended that it should refer to: "manners, customs, observances, superstitions, ballads, proverbs, and so forth."* Scores of definitions have been

The Athaneum, No. 982 (22 August 1846), p. 862.

Introduction

Jour après jour, l'homme crée le folklore en interprétant sa vie et son milieu à la lumière de son imagination guidée par des idées traditionnelles.

Les folkloristes étudient les fruits de cette réflexion, entre autres la musique, la littérature, l'art, les coutumes, les croyances populaires, ainsi que la culture matérielle.

Peu de pays, dans le monde, possèdent un folklore aussi riche et diversifié que le Canada. Nos cultures régionales, les traditions ethniques dont nous avons hérité, tout comme notre façon de vivre en général, en font l'une de nos grandes richesses. Les photographies reproduites ici témoignent amplement de cette vérité.

C'est en Allemagne que le folklore commença à susciter un intérêt sérieux et soutenu avec l'oeuvre des frères Grimm, mais il ne tarda pas à s'imposer en Europe du Nord et de l'Est, surtout chez les nations assujetties qui désiraient affirmer leur identité propre et leur indépendance. Par le relevé de leurs traditions orales et par leur langue vernaculaire, elles espéraient se trouver une personnalité propre, stimuler la fierté du peuple et, ainsi, être prêtes à défier leurs oppresseurs et à exiger leur liberté.

En Grande-Bretagne, collectionner des «antiquités populaires» devint un genre de passe-temps national, les vicaires et les instituteurs explorant tous les coins et recoins du Royaume à la recherche de contes de fées, de ballades, de vestiges, de mythes, de superstitions et de miettes de sagesse populaire. Le terme «folklore», soit science (*lore*) du peuple (*folk*), fut créé en 1846 par William Thoms qui voulait lui prêter le sens de «usages, coutumes, pratiques, superstitions, ballades, proverbes et ainsi de suite»*. Depuis lors, une foule de définitions ont

*Traduction d'un extrait de *The Athaneum*, No. 982 (22 August 1846), p. 862.

proposed since then, but they differ little except to indicate the academic inclination of the writer toward history, literature, material culture or, recently, psychology and sociology. Today, of course, folklorists no longer study folklore as a relic of the past but as a living force in modern life, always changing to suit different conditions. In other words, we now realize that, although the content of a particular tradition may change, tradition itself is a constant in life.

The serious study of folklore in Canada is perhaps too short to allow us to speak of any established schools of thought. However, it is safe to say that most approaches have been attempted. Ernest Gagnon and Cyrus MacMillan collected and researched traditional Quebec folksongs in the middle of the nineteenth century. The pioneer scholar Marius Barbeau was eclectic in his approach, but when he began working at the National Museum of Canada in 1911 his primary interest was in the folktales of French Canadians, Ontarians, and West Coast Indians. He gradually became interested in material culture as well, studying totem poles, maple-sugar making, arrow sashes (*ceintures fléchées*), and the religious wood-sculpture of Quebec. The only parts of Canadian grass-roots culture he was reluctant to touch were those of the minorities: he felt that they disrupted the elegant French–English–Native "symmetry" of the country. During this time, many other folklorists were at work: Helen Creighton collecting Nova Scotia legends and songs, Kenneth Peacock recording the songs of the Newfoundland outports, Carmen Roy in Gaspé, and W. J. Wintemberg and Edith Fowke in Ontario. The first university department of Canadian folklore was started at Laval University in 1944 by Luc Lacourcière, and the second at the Memorial University of Newfoundland in 1968.

été proposées par différents auteurs; elles ne diffèrent guère si ce n'est pour exprimer le penchant naturel de l'auteur pour l'histoire, la littérature, la culture matérielle ou, récemment, la psychologie et la sociologie. De nos jours, évidemment, les folkloristes ne considèrent plus le folklore comme un vestige du passé, mais comme un élément actif au sein de la vie moderne, se modifiant constamment au gré des circonstances. En d'autres termes, nous nous rendons compte aujourd'hui que même si une tradition donnée peut évoluer, la tradition en elle-même est une constante dans la vie.

L'étude rigoureuse du folklore au Canada n'est peut-être pas assez avancée pour nous permettre de parler d'écoles de pensée définies. Toutefois, on peut dire à coup sûr qu'elle a été abordée de bien des façons. Ernest Gagnon et Cyrus MacMillan ont récolté et analysé les chansons populaires traditionnelles du Québec du milieu du XIXᵉ siècle. Marius Barbeau, l'érudit pionnier, se montra éclectique dans son approche, mais quand il entra au service du Musée national du Canada en 1911, son intérêt premier alla aux légendes populaires des Canadiens français, des Ontariens et des Indiens de la côte Ouest. Il s'intéressa graduellement à la culture matérielle et étudia les mâts totémiques, la fabrication du sucre d'érable, les ceintures fléchées et la sculpture religieuse sur bois au Québec. Le seul aspect de la culture canadienne enracinée dans le terroir qu'il était réticent à aborder concernait les minorités ethniques; il lui semblait que ces dernières perturbaient la belle «symétrie» Français-Anglais-autochtones du pays. Pendant ce temps, de nombreux autres folkloristes étaient aussi à l'oeuvre: Helen Creighton recueillait des légendes et des chansons en Nouvelle-Écosse; Kenneth Peacock enregistrait des chansons dans les ports de mer de Terre-Neuve; Carmen Roy faisait de même en Gaspésie ainsi que W. J. Wintemberg et Edith Fowke en Ontario. Le premier département universitaire de folklore canadien a vu le jour à l'université Laval en 1944 grâce à Luc Lacourcière et le deuxième, à l'université Memorial de Terre-Neuve en 1968.

A separate Folklore Division was instituted at the National Museum of Man in 1969 by Marius Barbeau's longtime colleague and successor, Dr. Carmen Roy. To her goes the credit of establishing the study of folklore on a national rather than regional basis and, with the help of Kenneth Peacock, of redirecting attention toward Canada's more recent immigrant and ethnic groups. Since then, a large number of survey reports, ethnographic studies, and folklore collections have been undertaken by either Museum staff members or associate scholars. Many of these have been published, and others are in the Museum archives. One of the high points of this work was the important Ph.D. dissertation of Robert Klymasz, "Ukrainian Folklore in Canada: An Immigrant Folklore Complex in Transition",* which examines how European folklore is gradually transformed into Canadian folklore. Lately, greater emphasis has been placed on traditional material culture, as exemplified by the work of Paul Carpentier on snowshoes and wayside crosses, Lise Boily and Jean-François Blanchette on Quebec bake ovens, and Mary Lou Patterson on Mennonite folk art. A concerted effort has also been made to gather a respectable national collection of folk artifacts of all kinds, and to photograph and film such activities and events as ethnic festivals, boat building, and fence making.

*Indiana University, 1970.

Carmen Roy, collègue de longue date de Marius Barbeau et son successeur, établit une Division de folklore au musée national de l'Homme en 1969. C'est à elle que revient le mérite d'avoir institué l'étude du folklore à l'échelle nationale plutôt que régionale, et, aidée de Kenneth Peacock, d'avoir attiré l'intérêt sur les nouveaux immigrants et groupes ethniques du Canada. Depuis ce temps, un grand nombre de rapports de recherche ont été remis et de nombreuses études ethnographiques et collections ont été entreprises soit par le personnel du musée, soit par des spécialistes associés. Nombre de ces documents ont été publiés et d'autres se trouvent dans les archives du musée. L'un des points culminants de cette oeuvre fut l'importante thèse de doctorat de Robert Klymasz, «Ukrainian Folklore in Canada : An Immigrant Folklore Complex in Transition»,* qui étudie comment le folklore européen se transforme graduellement en folklore canadien. Dernièrement, l'accent a été mis sur la culture matérielle traditionnelle, comme en font foi l'ouvrage de Paul Carpentier sur les raquettes et les croix de chemin, le livre de Lise Boily et Jean-François Blanchette sur les fours à pain au Québec et le travail de Mary Lou Patterson sur l'art traditionnel mennonite. On a également fait un effort concerté pour recueillir une collection nationale respectable d'objets traditionnels de tous genres, ainsi que pour photographier et filmer des manifestations et des activités, comme les festivals ethniques, la construction d'embarcations et le montage de clôtures.

*Indiana University, 1970.

This activity has in turn led to the mounting of a number of temporary and travelling exhibitions based on the research and collections of the National Museum of Man. (The broadening of the Museum's activities in this field, first toward ethnic folklore and then toward material culture, is reflected in the changing of the name of the Folklore Division in 1970 to the Canadian Centre for Folk Culture Studies.) More recently, in 1977, after many years of preparation, the Museum opened its first permanent exhibition of Canadian folk culture, called "Everyman's Heritage: The Canadian Odyssey". A suggestion by Dr. William E. Taylor, Jr., Director of the National Museum of Man, that the exhibition's theme could also be explored through photographs led to the publication of this book.

In effect, "Everyman's Heritage" is a story with universal and cross-cultural dimensions: the hero of a thousand myths and legends leaves home, overcomes obstacles, and lives happily ever after. Everyman is unique, yet in terms of folklore he shares his life story and basic preoccupations with others. Beyond the traditions of his own community and nation lie the imperatives of all men: to support life, to create, and to dream. By our speech, dress and food we show who we are; though the forms may vary, the basic human problems never change, the responses only seldom. The exhibition documents these areas of human life through artifacts; this book does the same through photographs. Many of the pictures were taken by amateur photographers, so their quality is highly variable. But their value lies in their content; they were chosen because they depicted some aspect of Canadian folk life, not for artistic excellence.

Ces travaux et ces collections ont servi de pierre angulaire à un certain nombre d'expositions temporaires et itinérantes du musée national de l'Homme. (En 1970, la Division de folklore a changé son nom pour celui de «Centre canadien d'études sur la culture traditionnelle» afin de refléter l'élargissement de la sphère d'activité du musée en matière de folklore ethnique puis de culture matérielle.) Tout récemment, en 1977, après de nombreuses années de préparation, le musée a inauguré sa première exposition permanente sur la culture traditionnelle canadienne, intitulée «Notre patrimoine : l'odyssée canadienne». M. William E. Taylor, fils, directeur du musée national de l'Homme, émit alors l'idée de développer le thème de l'exposition au moyen de photographies et c'est ce qui fut à l'origine du présent ouvrage.

En fait, «Notre patrimoine» est une histoire aux dimensions universelles et multiculturelles, l'histoire du héros d'un millier de mythes et de légendes qui part de chez lui, surmonte des obstacles et vit heureux jusqu'à la fin des temps. Notre protagoniste est unique et, sur le plan du folklore cependant, il partage sa vie et ses préoccupations fondamentales avec d'autres. Au-delà des traditions de sa propre communauté et de sa nation demeurent les impératifs de tout homme : maintenir la vie, créer et rêver. Par notre langage, notre habillement et notre cuisine, nous montrons qui nous sommes et, bien que la présentation puisse varier, les problèmes humains fondamentaux ne changent jamais, et les solutions, rarement. L'exposition renseigne sur ces facettes de la vie humaine par des objets; le présent album fait de même, par des photographies. Ces dernières sont en grande partie l'oeuvre d'amateurs, et leur qualité varie beaucoup. Il faut cependant se rappeler qu'elles ont été choisies non pour leur perfection artistique, mais parce qu'elles saisissaient un aspect de la vie culturelle traditionnelle.

The captions accompanying the photographs vary in length. Brevity often resulted from the feeling that the photographs speak for themselves, and sometimes from a lack of information, especially of the events depicted in the older photographs. Some photographs do not show folk life as it is ordinarily thought of, but have been included simply to underscore the relationship of mainstream phenomena to our folk traditions. Folklore and folk tradition do not exist in isolation as holdovers from our cultural past, but are part and parcel of the whole spectrum of our daily life.

Although folk tradition tends to be but a small, and often invisible, part of any culture, its importance is in some ways considerable because it is the direct expression of our will and creative power as individuals, unfiltered through formal institutions. Folk tradition is our fundamental cultural response to life. Where law and fashion leave off, tradition – spoken and unspoken, seen and unseen – takes over and helps us to shape our day-to-day lives by providing a consistent reference point for our beliefs and behaviour. Thus, we can eliminate the meaningless and unimportant. Our sense of cultural discrimination may be heightened or become more specialized through formal study and exposure to "finer" things, but folk tradition, whether as literature, music, belief or behaviour, is what we start with. It is our cultural birthright.

Les légendes des photos diffèrent en longueur. Leur concision résulte souvent du fait que les photos nous semblaient suffisamment éloquentes, et aussi, parfois, du manque de renseignements, en ce qui a trait particulièrement aux sujets illustrés dans les anciennes photographies. Certaines photos ne représentent pas la vie du peuple dans la perspective habituelle, elles sont incluses pour souligner la relation entre les phénomènes communs et nos traditions. Le folklore et la tradition n'ont pas d'existence propre en tant que prolongement de notre passé ethnique, mais ils sont une infime partie du grand tableau de notre vie quotidienne.

Quoique la tradition populaire tende à être seulement une petite partie, souvent invisible, d'une culture, elle revêt une importance considérable par certains aspects; en effet, grâce au miroir du passé, elle exprime directement la volonté et la force créatrice de l'individu, sans les déformer par le biais d'institutions conventionnelles. La tradition populaire est notre réaction culturelle première à la vie. Là où s'arrêtent la loi et la mode, là commence la tradition, verbale ou non, qui nous aide à modeler notre vie quotidienne en servant de point de référence à nos croyances et à notre comportement. Ainsi, nous pouvons rejeter l'absurde et le futile. Notre sens de la discrimination culturelle risque peut-être de se renforcer ou de se préciser après des études poussées ou un contact avec des choses plus raffinées, mais la tradition populaire, qu'il s'agisse de littérature, de musique, de croyances ou de comportement, constitue notre bagage originel. Elle est notre patrimoine culturel.

Exploration

Exploration

At the heart of Everyman's heritage lies a short and simple story of leaving home, overcoming obstacles, and living "happily ever after" – the universal and perennial tale of a journey through time and space.

For Canada and her peoples this story holds special meaning: exploration, migration and travel are fundamental aspects of the Canadian heritage, and our individual quest echoes and interacts with this national historical experience.

The photographs in this book interpret that story from the perspective of Canada's folk traditions, customs and beliefs. You and I are its heroes and heroines, and we each live the story as best we can. One journey ends, another begins, and the story goes on unfolding. . . .

Au coeur de tout patrimoine se trouve la courte et simple histoire de celui qui a dû quitter son foyer et surmonter nombre d'obstacles pour parvenir enfin à vivre heureux «jusqu'à la fin des temps», le conte universel d'un voyage dans le temps et dans l'espace.

Pour le Canada et ses habitants, cette histoire revêt un sens particulier. Explorations, migrations et pérégrinations constituent des aspects essentiels du patrimoine canadien, et nos cheminements personnels reflètent cette expérience historique nationale et influent sur elle.

Cet album présente cette histoire par le truchement des traditions, des coutumes et des croyances du peuple canadien. Vous et moi en sommes les héros et nous la vivons de notre mieux. Un voyage s'achève, un autre commence, et le conte se poursuit . . .

Canoes in the Fog on Lake Superior. After F.A.B. Hopkins. Engraving coloured by hand, c. 1873 (detail).

Canots dans la brume sur le lac Supérieur, détail d'une gravure coloriée à la main d'après F.A.B. Hopkins, vers 1873.

Indian brave and squaw with travois; undated.

Guerrier indien, sa squaw et leur travois; sans date.

A few boys of the first group of Doukhobors to emigrate to Canada, in 1899, as their ship passes the Rock of Gibraltar. The Doukhobors are a Christian fundamentalist sect of Russian origin that practises pacifism and a degree of anarchism. They came to Canada with the assistance of novelist Leo Tolstoy and Quakers in England.

Immigrants playing leapfrog on their way to Canada aboard the S.S. *Empress of Britain*, c. 1910.

Quelques garçons faisant partie du premier groupe de doukhobors venus au Canada en 1899 au moment où leur navire passait devant le rocher de Gibraltar. Les doukhobors «lutteurs de l'esprit» constituent une secte chrétienne d'origine russe qui prône la non-violence ainsi que l'anarchisme jusqu'à un certain degré. Ils immigrèrent au Canada avec l'aide de Léon Tolstoï et des Quakers d'Angleterre.

Immigrants jouant à saute-mouton, en route vers le Canada à bord du S.S. *Empress of Britain*, vers 1910.

A wagon train of American settlers on their way to Alberta, c. 1890. Note the women cooking on the wayside. The covered wagon was not much used in the Canadian West except by settlers from the United States.

York boats at Norway House, c. 1910. The basic construction is in some ways similar to the Viking *knörr,* or cargo ship. Such boats probably continued to be built, on a smaller scale, in the Orkney Islands, an old Norse settlement. The fur-trading companies employed many Orkneymen, who built these boats and used them on Canada's northern rivers much as the Norsemen had done in their fur trade, a thousand years earlier, in Finland, Karelia and Russia.

Chariots de colons américains en route pour l'Alberta, vers 1890. Remarquez les femmes faisant la cuisine au bord du chemin. Le chariot couvert n'était à peu près utilisé, dans l'Ouest canadien, que par les pionniers venus des États-Unis.

Bateaux de type York à Norway House, vers 1910. La construction de base est quelque peu semblable à celles des *knarrs* (cargos) vikings. On continua probablement à construire de telles embarcations, sur une plus petite échelle, dans les îles Orcades, une vieille colonie norvégienne. Les compagnies de traite engagèrent de nombreux immigrés des Orcades qui construisirent ces bateaux et les utilisèrent sur les rivières du nord du Canada à la façon des Norvégiens dans leur propre traite des fourrures, mille ans auparavant, en Finlande, en Carélie et en Russie.

Lady Klondiker, Fort Chipewyan, 1899. The boat's name may indicate her ancestry; Hekla is the most famous volcano in Iceland.

Dame du Klondike, Fort Chipewyan (Alberta), 1889. Le nom du bateau révèle peut-être son origine. En effet, l'Hekla est le volcan le plus connu d'Islande.

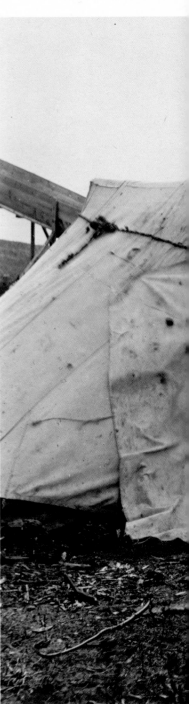

Red River cart at Métis camp, Manitoba, 1889.

Charette de la rivière Rouge dans un campement métis (Manitoba), 1889.

The Pioneer's Dream. The Provincial Legislature seems to hover in the clouds above the Indian camp on the plain. Trick photograph, Edmonton, 1933; both scenes are from earlier photographs, the bottom part c. 1890 and the top c. 1913.

Le rêve du colon. L'Hôtel du gouvernement provincial semble émerger des nuages au-dessus d'un campement indien de la plaine. Photographie truquée, Edmonton, 1933; les deux scènes proviennent de photographies antérieures : celle du bas date d'environ 1890 et celle du haut d'environ 1913.

Cross marking the claiming of land, îlets Caribou, Saguenay County, Quebec; photographed 1972.

The Canadian and Centennial flags fly over Camp 200 on the Polar ice cap, Northwest Territories, 1967.

Croix de chemin marquant la prise du territoire, îlets Caribou, comté de Saguenay (Québec); photographiée en 1972.

Drapeau du Centenaire et drapeau canadien flottant au-dessus du campement 200 sur la calotte polaire (Territoires du Nord-Ouest), 1967.

Statue of Champlain on Nepean Point, Ottawa, 1975, looking westwards over the Ottawa River, which he explored.

Statue de Champlain le regard tourné vers la rivière des Outaouais qu'il a explorée; pointe Nepean, Ottawa, 1975.

On the Road, 1923. The use of stick and bandanna for carrying personal belongings is an integral part of the image of the hero of folktale and legend, who leaves home to seek his fortune. He is inspired by the same spirit of adventure that brought Champlain to America.

Chemin faisant, 1923. Le bâton et le baluchon font partie intégrante de l'image légendaire du vagabond, de l'aventurier qui quitte la maison dans l'espoir de faire fortune. Il éprouve un besoin d'aventure semblable à celui qui amena Champlain en Amérique.

Travellers, Manitoba, c. 1910.

Canadian Government Emigration Offices, possibly in London, England; undated. Such offices were established in many parts of Europe at the turn of the century.

Voyageurs (Manitoba), vers 1910.

Bureau d'émigration du gouvernement canadien, peut-être celui de Londres; sans date. De tels bureaux furent ouverts dans plusieurs pays européens au début du siècle.

Caffe degli Emigranti, Ottawa, 1975.

Survival

Survie

Everyman's heritage provides him with traditional ways of obtaining warmth, shelter and food. Each of us approaches the problem of survival, cultural as well as physical, with the help of these particular inherited traditions.

Food, because of its power to evoke memory and emotion, is an essential part of many rituals and celebrations. Its gathering and preparation is a serious responsibility, and is often strictly circumscribed by custom.

Apparel in all countries of the world is influenced by both culture and climate. Some garments are made strictly for warmth, using readily available materials; others, festive and ceremonial, are designed to express distinctiveness and the continuity of tradition.

Tradition, local needs and available materials normally determine the style and dimensions of folk architecture. The familiar log cabin, thought to have originated in Scandinavia, is an unusually successful transplant. Its adaptability and the availability of materials in Canada made the log cabin eminently suitable to the needs of the early settlers.

Chaque individu puise dans son patrimoine les moyens traditionnels de se réchauffer, de se loger et de se nourrir. Chacun de nous s'attaque au problème de la survie, tant culturelle que physique, muni de cet héritage de traditions particulières.

Ainsi, la nourriture, en vertu de sa puissance évocatrice, constitue une partie essentielle de beaucoup de rites et de célébrations. Sa recherche et sa préparation sont des fonctions sérieuses obéissant à des règles strictes de la coutume.

De même, dans tous les pays du monde, le costume subit la double influence des conditions culturelles et climatiques. Certains vêtements destinés à conserver la chaleur sont faits de matières courantes; d'autres, conçus pour les fêtes et les cérémonies, arborent des styles traditionnels distinctifs, témoignant de la continuité de la tradition.

Enfin, c'est la tradition ainsi que les besoins locaux et les matériaux disponibles qui déterminent normalement le style et les dimensions de l'architecture populaire. La cabane en rondins, présumée d'origine scandinave, constitue un emprunt exceptionnellement réussi. La simplicité de sa structure et la similitude de l'environnement canadien à son milieu d'origine en ont fait un gîte fort convenable aux premiers colons.

Pulling tree stumps with a team of horses, Quebec, c. 1870. It often took years to clear a few acres by this method.

Ukrainian divining for water, near Fisherton, Manitoba, 1935, to determine where to sink a well. The stick "dips" when it approaches underground water.

Essouchage à l'aide d'une paire de chevaux, Québec, vers 1870. Cela pouvait prendre souvent plusieurs années pour déboiser ainsi quelques acres.

Sourcier ukrainien à l'oeuvre, près de Fisherton (Manitoba), 1935. Sa baguette se courbera vers le bas dès qu'elle approchera d'une source souterraine indiquant ainsi où on pourra creuser un puits.

Indian trappers of the Harricana River area, Quebec, lower a beaver trap into the snow, 1948.

Ice fishing on Lake Winnipeg at Riverton, Manitoba, 1928. The Icelanders settled near the Lake partly because they thought that they would always have at least fish to eat, only to find that it froze to a depth of a metre or more in winter. The local Métis and Ojibwa taught them how to throw a net under the ice.

Trappeurs indiens de la région de la rivière Harricana (Québec) introduisant un piège à castor dans la neige, 1948.

Pêche sous la glace du lac Winnipeg, à Riverton (Manitoba), 1928. Les Islandais s'étaient établis près du lac en partie parce qu'ils croyaient pouvoir ainsi toujours se nourrir au moins de poisson, ignorant que le lac gelait à un mètre ou plus de profondeur en hiver. Les Métis et les Sauteux leur enseignèrent comment lancer un filet sous la glace.

Indian woman digging for clams, British Colombia; undated.

Indienne à la recherche de palourdes (Colombie-Britannique); sans date.

Sheep ranching in Alberta, 1910.

Élevage de moutons en Alberta, 1910.

A cattle roundup in Alberta, 1967.

Rassemblement du bétail en Alberta, 1967.

Haying on Alma Island, lac Saint-Jean, Quebec, c. 1904.   Fenaison sur l'île d'Alma, lac Saint-Jean (Québec), vers 1904.

Market day, Jacques Cartier Square, Montreal, c. 1910.

Fishermen of Pouch Cove, Newfoundland, place salt fish on fishing flakes to dry, 1948. The Newfoundland fishing grounds are probably the richest in the world, and Europeans have been fishing there for centuries. The area has been known to seafarers since the Vikings reached it in the eleventh century.

Jour de marché, place Jacques-Cartier, Montréal, vers 1910.

Pêcheurs de Pouch Cove (Terre-Neuve) faisant sécher du poisson salé sur des claies, 1948. Les bancs de poisson de Terre-Neuve sont probablement les plus riches au monde, et les Européens y pêchent depuis des siècles. Les marins connaissent cette région depuis la venue des Vikings au XIe siècle.

Fishing and partridge-hunting party, Port-Daniel, Quebec, c. 1908.

Partie de pêche et de chasse à la perdrix, Port-Daniel (Québec), vers 1908.

Indian fishing for salmon on the Fraser River at Lillooet, British Columbia; undated.

Indien pêchant le saumon à Lillooet, sur le Fraser (Colombie-Britannique); sans date.

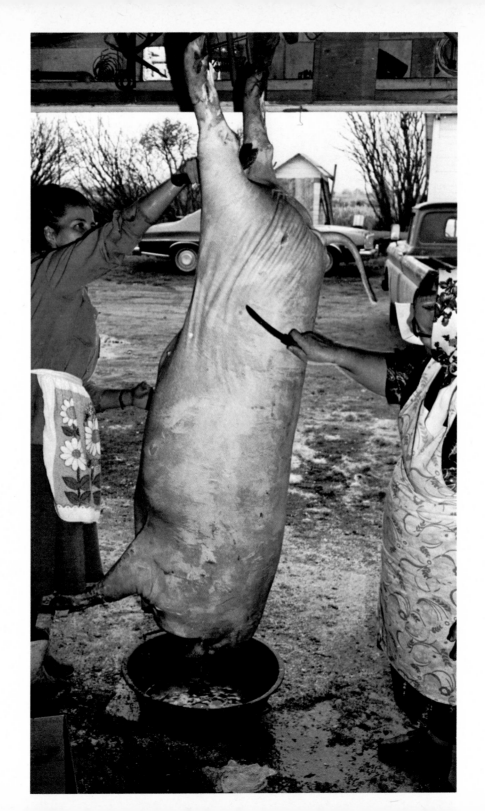

Mennonite pig-butchering, Neuanlage, Saskatchewan, 1975. Cleaning and bleeding the carcass.

Feeding the chickens on a Ukrainian farm, Manitoba, c. 1905.

Abattage d'un porc par des mennonites, Neuanlage (Saskatchewan), 1975. Nettoyage et saignée de la bête.

Repas des poulets dans une ferme ukrainienne (Manitoba), vers 1905.

Chicken-plucking, Rosthern, Saskatchewan, 1975.

Hutterite women putting up preserves; undated.

Plumage des poulets, Rosthern (Saskatchewan), 1975.

Huttérites faisant des conserves; sans date.

Ukrainian mother and child preparing to use outdoor bake oven, Manitoba, 1916. The roof thatching duplicates that used on traditional houses. Another group of Canadians who in the past made extensive use of this type of oven is, of course, the French Canadians.

Mère ukrainienne et son enfant près d'un four à pain extérieur, (Manitoba), 1916. Le toit de chaume est une réplique des toits des maisons traditionnelles. Les Canadiens français utilisaient aussi le four à pain de façon extensive dans le passé.

Quebec outdoor bake oven, Saint-Charles-Boromé, Quebec, 1972. The advantages of the outdoor oven were that it did not heat the house in summer and it reduced the danger of fire.

Four à pain extérieur québécois, Saint-Charles-Boromé (Québec), 1972. Le four extérieur avait comme avantages de ne pas réchauffer la maison en été et d'éliminer des risques d'incendie.

Doukhobor women at bread-making bee, Saskatoon, Saskatchewan, 1964.

Doukhobors affairées à boulanger, Saskatoon (Saskatchewan), 1964.

Gypsy woman peeling potatoes, near Lampton (Toronto), 1918. Her wealth is contained in her necklace of gold coins.

Gitane pelant des pommes de terre, près de Lampton à Toronto, 1918. Son collier de pièces d'or constitue toute sa richesse.

Cowboys take time out for a snack at the chuck wagon during a cattle roundup, c. 1880.

Cow-boys s'arrêtant pour manger à la cantine mobile au cours du rassemblement du bétail, vers 1880.

Lumber raftsmen break for lunch, North Saskatchewan River; undated.

Draveurs cassant la croûte sur la Saskatchewan-Nord; sans date.

Eskimo man and wife eating outside their summer tent, Pelly Bay, Northwest Territories, 1963.

Ukrainian family enjoying traditional Christmas-eve dinner, Meacham, Saskatchewan, 1972. The meal consists of twelve meatless dishes, in memory of each of the Apostles. A special braided homemade bread (*kolach*), resting on embroidered linen, serves as the centrepiece.

Couple esquimau mangeant près de son habitation d'été, Pelly Bay (Territoires du Nord-Ouest), 1963.

Famille ukrainienne savourant le souper traditionnel de la veille de Noël, Meacham (Saskatchewan), 1972. Le repas comprend douze plats maigres en mémoire de chacun des Apôtres. Un pain maison tressé (*kolach*), déposé sur une pièce de toile brodée, constitue le milieu de table.

Franciscan monk dining, Sherbrooke, Quebec, 1962.

Franciscain à table, Sherbrooke (Québec), 1962.

Eskimo woman wearing her hair in the "old" style, Pelly Bay, Northwest Territories, 1963.

Esquimaude coiffée à l'ancienne, Pelly Bay (Territoires du Nord-Ouest), 1963.

A still from *Les petites soeurs*, a National Film Board documentary filmed in Hull, Quebec, in November 1959.

The Greek Orthodox Patriarch greets members of the congregation outside Holy Trinity Church, Montreal, 1967.

Image tirée du film *Les petites soeurs*, un documentaire de l'Office national du film, Hull (Québec), novembre 1959.

Patriarche grec orthodoxe saluant des fidèles à l'extérieur de l'église Sainte-Trinité, Montréal, 1967.

Father Leduc, O.M.I., Alberta; undated.

Le Père Leduc O.M.I. (Alberta); sans date.

Gentleman in full Scottish costume, Manitoba, c. 1900.

Écossais en costume national (Manitoba), vers 1900.

"Old Bruce" and his dog ready for the trail in the Yukon; undated.

«Old Bruce» et son chien partant en excursion (Yukon); sans date.

Ukrainian woman carrying home supplies, Fraserwood, Manitoba, 1915. Pioneers often lived fifteen to thirty kilometres from the nearest village.

Ukrainienne transportant des provisions à la maison, Fraserwood (Manitoba), 1915. Les pionniers vivaient souvent entre quinze et trente kilomètres du village le plus rapproché.

A father and son wearing the Greek national costume, Montreal, 1967.

Un père et son fils en costume national grec, Montréal, 1967.

Korean man in traditional costume, Scarborough, Ontario, 1973.

Coréen en costume traditionnel, Scarborough (Ontario), 1973.

Reading in the Jewish section of a library; undated.

Lecteur au rayon des livres israélites d'une bibliothèque; sans date.

Guest in top hat at the Royal Winter Fair, Toronto, 1966.
"High" tradition is sometimes just as colourful and circumscribed as folk tradition.

Invité en haut-de-forme à la Royal Winter Fair, Toronto, 1966.
La «haute» a parfois des traditions aussi pittoresques et aussi bien établies que celles du peuple.

Pioneer woman, Pincher Creek, Alberta, c. 1890. Pincher Creek was one of the few black pioneer communities in the West. Older black communities existed in Nova Scotia and southern Ontario.

Femme pionnier, Pincher Creek (Alberta), vers 1890. Pincher Creek a été l'une des rares communautés noires à s'établir dans l'Ouest. De plus anciennes communautés ont existé en Nouvelle-Écosse et dans le sud de l'Ontario.

Indian women, Vancouver, 1901.

Indiennes, Vancouver, 1901.

Unidentified group of English settlers in Manitoba, c. 1890. The man at left is wearing the traditional English countryman's "smock-frock", which as a work garment dates back to the thirteenth century.

Groupe non identifié de colons anglais du Manitoba, vers 1890. L'homme à gauche porte le *smock-frock*, vêtement de travail dont la mode remonte au XIIIe siècle.

Western ranch hands, Lundbreck, Alberta, 1964. The ranch hand's clothing is as standardized as the eastern dairy farmer's soft cap and bib overalls.

Cow-boys d'un ranch de l'Ouest, Lundbreck (Alberta), 1964. La tenue vestimentaire des cow-boys est aussi uniformisée que celle des fermiers de l'Est portant casquette molle et salopette.

Typical settler's outfit, northwest of Edmonton, c. 1910.

Équipement typique de colon, nord-ouest d'Edmonton, vers 1910.

Ukrainian couple plastering their house, near Vita, Manitoba, 1916. The building method is from the old country. In time settlers found that this type of structure, especially the thatched roof, was not sturdy enough for the Canadian climate.

Colons ukrainiens plâtrant leur maison près de Vita (Manitoba), 1916. La méthode de construction vient de la mère patrie. Les colons découvrirent à temps que ce genre de structure, le toit de chaume en particulier, n'était pas assez robuste pour le climat.

Slave Indian wooden tipi, Hay River, Northwest Territories, 1919.

Tipi de bois chez les Liards, Hay River (Territoires du Nord-Ouest), 1919.

Ukrainian settlers in front of their home at Tomahawk, Alberta, 1930. The house is a typical old-country mountain home: the hay is kept in the loft, and the animal shelter is in the back of the building, behind the living quarters.

Ukrainiens devant leur maison à Tomahawk (Alberta), 1930. C'est une maison polyvalente de montagne, typique de celles de la mère patrie; le foin est entreposé dans le comble et l'abri des animaux se trouve à l'arrière, derrière les pièces servant de logis.

Early settlement on the Ottawa River, c. 1870.

Ferme de colonisation sur la rivière des Outaouais, vers 1870.

The Beginning of Better Things, undated. Alberta sod house with buffalo bones in front. This is another version of the combined house and barn, which houses the animals in the back part of the structure.

L'aube de jours meilleurs, sans date. Maison en terre avec, à l'avant, des os de bison (Alberta), un autre type de maison polyvalente où les bêtes sont gardées à l'arrière.

A good example of Mennonite "connected" architecture, Blumenort, Manitoba, 1955. The inhabitants could reach the barn and outbuildings without having to go outside.

Bon exemple d'architecture «reliée», chez les mennonites, Blumenort (Manitoba), 1955. Les habitants pouvaient se rendre à la grange et aux autres bâtiments sans avoir à aller dehors.

Icelandic pioneer home, Riverton, Manitoba, c. 1891. Although built of split timbers rather than stone and turf, the house is in the old-country style.

Maison de colons islandais, Riverton (Manitoba), vers 1891. Bien qu'elle soit construite en bois équarri plutôt qu'en pierre et en terre, elle est faite dans le style de la mère patrie.

Three-storey log house, Whitehorse, Yukon; undated.   Cabane en rondins à trois étages, Whitehorse (Yukon); sans date.

Settler's cottage in Tudor style, Edmonton, c. 1900.

Japanese house, Steveston, British Columbia, 1942.

Maison de colons de style Tudor, Edmonton, vers 1900.

Maison japonaise, Steveston (Colombie-Britannique), 1942.

Rough shack used as a bank, Vegreville, Alberta, c. 1906.

Cabane rustique servant de banque, Vegreville (Alberta), vers 1906.

Houses clinging to cliff face, St. John's, Newfoundland, 1974.

Maisons accrochées à la falaise, Saint-Jean (Terre-Neuve), 1974.

Aerial view of housing development, Toronto, 1949.

Vue aérienne d'un quartier résidentiel, Toronto, 1949.

Passages

Passages

Everyman's journey is not only an effort to survive: it is also an odyssey through time. From birth to death, our time is marked off in stages that are interwoven with the round of the seasons.

Thus we move from the explorations of childhood and adolescence through the intensive activity of the middle years to the greater leisure of old age that allows us to pass our values and traditions on to the next generation.

Custom and belief play a profound role in every stage of human life, serving as guideposts on the journey through life. Although some of the forms may change with each new generation, our traditions remain the dominant source of personal and cultural identity.

L'odyssée de chaque individu ne se résume pas en une simple lutte pour la survie. De la naissance à la mort, notre vie progresse par étape au gré des saisons.

C'est ainsi que nous passons d'une période d'exploration que constituent l'enfance et l'adolescence, à un temps d'activité intense qu'est l'âge mûr, pour ensuite s'arrêter au moment de la vieillesse afin de transmettre notre système de valeurs et nos traditions à la génération montante.

Coutumes et croyances jouent un rôle primordial à chaque époque de la vie humaine servant de balises à cette longue route. Quoiqu'elles puissent quelque peu se transformer à chaque génération, nos traditions restent à la base de notre identité personnelle et culturelle.

Baptism at St. George Greek Orthodox Cathedral, Montreal, 1967.

Confirmation photograph in carved frame, with traditional motifs, Quebec; undated.

Baptême à la cathédrale grecque orthodoxe Saint-Georges, Montréal, 1967.

Photo de confirmation dans un cadre sculpté de motifs traditionnels (Québec); sans date.

Children on sidewalk of Bella Coola village, British Columbia, c. 1894. The carved totem poles that form the entrances depict the lineage of each household.

Enfants sur un trottoir du village de Bella Coola (Colombie-Britannique), vers 1894. Les mâts totémiques sculptés formant l'entrée de chaque maison donnent la généalogie de la famille qui l'habite.

Children in their Sunday best on the waterfront at Cacouna, on the St. Lawrence River, Quebec; undated.

Enfants en habits du dimanche au bord du Saint-Laurent, Cacouna (Québec); sans date.

Japanese children buying ice cream from street vendor, Steveston, British Columbia, 1913. Steveston was a large Japanese-Canadian fishing community before the Second World War. Many of the residents, who were evacuated to detention camps during the war, have since returned and have rebuilt their community.

Petits Japonais achetant de la crème glacée d'un vendeur ambulant, Steveston (Colombie-Britannique), 1913. Steveston était une grande communauté de pêcheurs canadiens-japonais avant la Seconde Guerre mondiale. Beaucoup de ses résidents qui avaient été envoyés dans des camps de détention durant la guerre y sont revenus depuis et ont rebâti leur communauté.

Boys playing with automobile tire and inner tube, Gleichen, Alberta, c. 1920.

Enfants jouant avec un pneu d'automobile et une chambre à air, Gleichen (Alberta), vers 1920.

Children playing hopscotch, 1960s.

Eskimo boys at a swimming hole near Port-Nouveau-Québec, Quebec, 1960.

Enfants jouant à la marelle, années 60.

Petits Esquimaux se baignant dans un étang près de Port-Nouveau-Québec (Québec), 1960.

Hutterite school, Saskatchewan, 1975. The community usually brings teachers in from outside.

École d'une colonie huttérite (Saskatchewan), 1975. La communauté fait habituellement venir des professeurs de l'extérieur.

Girls in Hungarian dancing costume, Kipling, Saskatchewan, 1974.

Jeunes filles en costume de danse hongrois, Kipling (Saskatchewan), 1974.

Haida children roasting weiners at a beach party, Skidgate Mission, Queen Charlotte Islands, British Columbia, 1966.

Street scene, Quebec City, April 1967.

Petits Haïdas lors d'une fête à la plage, à Skidgate Mission, îles de la Reine-Charlotte (Colombie-Britannique), 1966.

Scène de la rue, Québec, avril 1967.

Tom Three Persons, Blood Indian cowboy, Calgary, 1912.

Tom Three Persons, cow-boy des Gens-du-Sang, Calgary, 1912.

Lumberjack at work, Cowichan Lake, British Columbia, c. 1900.

Bûcheron à l'oeuvre, lac Cowichan (Colombie-Britannique), vers 1900.

Bunkhouse in logging camp, British Columbia, c. 1920. Story-telling, carving and writing home were the principal recreations for the men. If they were lucky, someone had a fiddle or a mouth-organ.

Cabane-dortoir d'un camp de bûcherons (Colombie-Britannique), vers 1920. Les hommes se distrayaient en se racontant des histoires, en sculptant et en écrivant chez eux. Ils se trouvaient chanceux si l'un d'eux possédait un violon ou un harmonica.

Yukon miner playing solitaire, c. 1899.

Mineur du Yukon faisant une patience, vers 1899.

Boarding house, Steveville, Alberta, 1914. Room and board was a common form of accommodation for our pioneer forefathers until they established their own homes.

Pension, Steveville (Alberta), 1914. Beaucoup de nos ancêtres pionniers prenaient une chambre avec pension en attendant d'avoir leur propre foyer.

Young Welsh settlers ready for a hunt, Alberta, 1906. The sign over the door of their hunting cabin reads "Wales forever".

Jeunes colons gallois prêts pour la chasse (Alberta), 1906. L'inscription au-dessus de la porte de leur pavillon de chasse se lit ainsi: «Vive le pays de Galles».

Norwegian homesteader's shack, Lost Lake area, Alberta, 1909. The cat, too, strikes a pose.

Cabane sur la concession d'un Norvégien, région du lac Lost (Alberta), 1909. Le chat même pose pour le photographe.

Bridal party. Settlers from the Carpathian Mountains at Ponoka, Alberta, 1912. Although built with logs, the house is distinctly Carpathian in style.

Modern bridal couple, Gilbert Plains, Manitoba, 1971.

Noces. Colons originaires des Carpates, Ponoka (Alberta), 1912. Même si elle est construite en rondins, la maison a le style des habitations des Carpates.

Nouveaux mariés, Gilbert Plains (Manitoba), 1971.

Bachelors washing clothes, Alberta, 1913. Bachelorhood was a very common phenomenon in the immigrant communities on the prairies. Wives and girlfriends often stayed behind in the old country while the men got settled and prepared a home.

Célibataires faisant la lessive (Alberta), 1913. La vie de «vieux garçon» était très répandue dans les communautés d'immigrants des Prairies. Épouses et fiancées restaient souvent dans la mère patrie tandis que leurs hommes préparaient un foyer.

Norwegian woman carding wool, Bella Coola, British Columbia, 1922. Norwegians settled in the valley in 1894, and established the village of Hagensborg.

Norvégienne cardant la laine, Bella Coola (Colombie-Britannique), 1922. Les Norvégiens s'installèrent dans la vallée en 1894 et fondèrent le village d'Hagensborg.

Rug-making bee, near Milo, Alberta, c. 1926. Work goes faster when shared with friends.

Groupe de femmes fabriquant un tapis près de Milo (Alberta), vers 1926. Le travail se fait plus rapidement avec la collaboration des amis.

Mennonite barn-raising, southern Ontario, c. 1959. The work-men are friends and neighbours.

Érection d'une grange chez les mennonites du sud de l'Ontario, vers 1959. Les amis et les voisins mettent la main à la pâte.

Finns at acrobatic play, Barons, Alberta, 1920.

Indians target-shooting with bow and arrow, Northwest Territories, 1968.

Finnois faisant des acrobaties, Barons (Alberta), 1920.

Tir à la cible chez les Indiens (Territoires du Nord-Ouest), 1968.

Victoria Pioneer Rifle Corps, Victoria, 1860s. Made up of 1860s immigrants from California, the Corps was the first militia (initially unarmed) in British Columbia.

Le Victoria Pioneer Rifle Corps, Victoria, années 1860. Formé d'immigrants californiens des années 1860, il fut le premier corps de milice (désarmé à l'origine) de Colombie-Britannique.

Fox-hunting, Charleswood, Manitoba, c. 1912.   Chasse au renard, Charleswood (Manitoba), vers 1912.

Lawn bowling, Montreal, 1974.

Jeu de boules, Montréal, 1974.

Italians playing *bocce*, a form of lawn bowling, Ottawa, 1963.

Italiens jouant aux *bocce*, variante du jeu de boules, Ottawa, 1963.

Chinese farmers playing mah-jong, Vancouver, 1951.   Fermiers chinois jouant au mah-jong, Vancouver, 1951.

Couple relaxing in their home, Saint John River, New Brunswick, 1967.

Couple se détendant à la maison, rivière Saint-Jean (Nouveau-Brunswick), 1967.

Fishing, Waskesiu Lake, Saskatchewan, 1950.

New Brunswick woman, Saint John River, 1967.

Pêche au lac Waskesiu (Saskatchewan), 1950.

Vieille, rivière Saint-Jean (Nouveau-Brunswick), 1967.

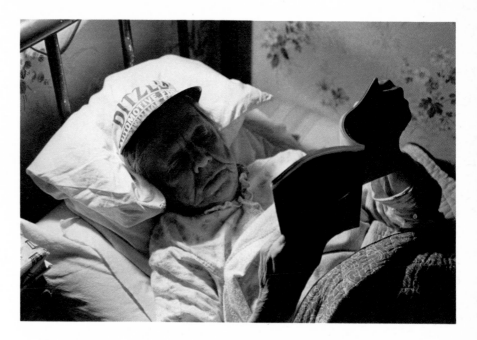

Pioneer couple of Norwegian colony, Bella Coola Valley, British Columbia, 1921.

Couple de pionniers de la colonie norvégienne, vallée de la Bella Coola (Colombie-Britannique), 1921.

Celebrations

Célébrations

Every journey has its moments of rest and reflection. What has been experienced is contemplated, what lies ahead is speculated upon. These occasions often give rise to the artistic impulse that resides in all of us.

Folk art seeks to entertain, explore and instruct. Such art vividly reveals the varying ways personal ingenuity and ability combine with elements drawn from universal, national and tribal traditions to produce vital forms of expression.

In folk music and dance we celebrate, in private and in public, our commitment to life in terms of the traditions of our community.

Folk tales, legends and anecdotes order communal and individual experiences into a pattern of meaning that envelops the future in the past.

Tout voyage comporte des moments de repos et de réflexion qui nous permettent d'analyser l'expérience vécue et de penser à l'avenir. Ces temps d'arrêt éveillent souvent l'inspiration artistique qui se trouve dans chacun d'entre nous.

L'art populaire se propose de distraire, d'explorer et d'instruire. Il exprime avec force les diverses façons de chacun d'allier ingéniosité et habileté propres à des éléments empruntés aux traditions universelles, nationales et tribales pour réaliser des oeuvres originales.

La musique et la danse, pour leur part, célèbrent la vie et l'interprètent selon les traditions de notre communauté.

Enfin, les légendes, les contes et les anecdotes organisent les diverses expériences communes et individuelles en une philosophie de la vie enrobant le futur dans le passé.

Cowichan grandmother knitting a sweater, Koksilah, British Columbia, 1956.

Grand-mère cowichan tricotant un chandail, Koksilah (Colombie-Britannique), 1956.

Haida Indian argillite carver at work, Old Masset Indian Reserve, Queen Charlotte Islands, British Columbia, 1966. Argillite carving was initially influenced by the scrimshaw artists aboard nineteenth-century whalers, but soon took on more traditional West Coast forms.

Sculpteur haïda travaillant l'argilite, réserve indienne Old Masset, îles de la Reine-Charlotte (Colombie-Britannique), 1966. La sculpture sur argilite fut à l'origine soumise à l'influence des artistes sculptant des bibelots à bord des baleinières au XIXe siècle, mais elle se rattacha bien vite aux traditions de la côte Ouest.

Artist working on a painting of the Montreal skyline, 1962.

Artiste peignant le panorama montréalais, 1962.

"Rock of Ages", seaman's tattoo, Maritime Provinces, 1961. Tattooing is a form of folk art traditionally popular among seamen, which, incidently, made for easier identification of the drowned.

«Rock of Ages», tatouage de marin (Maritimes), 1961. Le tatouage est une forme d'art populaire particulièrement en vogue chez les marins. Soit dit en passant, il permettait d'identifier plus facilement les noyés.

Making wooden shoes, Ottawa, 1974. Wooden shoes are worn in the Netherlands, Belgium and France, and were worn in the Gaspé Peninsula until the turn of the century. The word "sabotage" derives from the French *sabot*; early factory workers sometimes expressed their grievances by shoving their sabots into the machinery to stop it or cause damage.

Fabrication de sabots, Ottawa, 1974. On porte le sabot en Hollande, en Belgique et en France et on le portait aussi dans la péninsule Gaspésienne jusqu'au début du siècle. Le terme «sabotage» provient du mot «sabot»; les ouvriers de manufacture exprimaient parfois leurs griefs en lançant leurs sabots dans la machinerie pour en arrêter le fonctionnement ou pour l'endommager.

Scarecrow, Roblin, Manitoba, 1973.

Épouvantail, Roblin (Manitoba), 1973.

Hunting trophy in Icelandic garden, Arborg, Manitoba, 1967.

Sculpture garden at the home of Alcide St-Germain at Saint-Antoine-Abbé, Quebec, 1974. The garden as a form of imaginative expression has a long history in Africa, the Middle East and, later, Western Europe. The Canadian sculpture garden is a distinctive contribution to a cherished tradition.

Trophée de chasse dans le jardin d'un Islandais, Arborg (Manitoba), 1967.

Jardin de sculptures au domicile d'Alcide Saint-Germain, Saint-Antoine-Abbé (Québec), 1974. Le jardin, comme moyen d'expression de l'imagination, a un long passé en Afrique, au Moyen-Orient et plus récemment en Europe de l'Ouest. Le jardin de sculptures canadien apporte une contribution particulière à cette belle tradition.

House decorated with sea shells, Vancouver, 1920.

Maison décorée de coquillages marins, Vancouver, 1920.

Covered gateway in a Japanese detention camp, British Columbia, during World War II. The presence of familiar, traditional forms is a comfort in times of dislocation and misery.

Portail couvert dans un camp de concentration pour Japonais (Colombie-Britannique), au cours de la Seconde Guerre mondiale. La présence de formes familières traditionnelles apporte un réconfort en temps de misère et de séparation.

Shrine dedicated to Our Lady of Fatima in a Portuguese garden, Toronto, 1976. The Canadian flag is an important element.

Sanctuaire dédié à Notre-Dame de Fatima dans un jardin portugais, Toronto, 1976. Le drapeau canadien y tient une place importante.

Berianger's Music Studio, Edmonton, 1903. Note the Union Jack draped over the sofa.

Studio de musique Berianger, Edmonton, 1903. Remarquez l'Union Jack étendu sur le canapé.

A wandering cowboy and fiddle player, Alberta, 1910.

Cow-boy et violoneux errant (Alberta), 1910.

Eskimos square dancing, Frobisher Bay, Northwest Territories, 1956. Square dancing has become a sort of international folk dance much as country and western music has become the internationally accepted folk music of our time.

Quadrille d'Esquimaux, Frobisher Bay (Territoires du Nord-Ouest), 1956. Le quadrille est devenu une forme de danse folklorique internationale tout comme la musique *country* et *western* est acceptée à travers le monde comme la musique folklorique de notre époque.

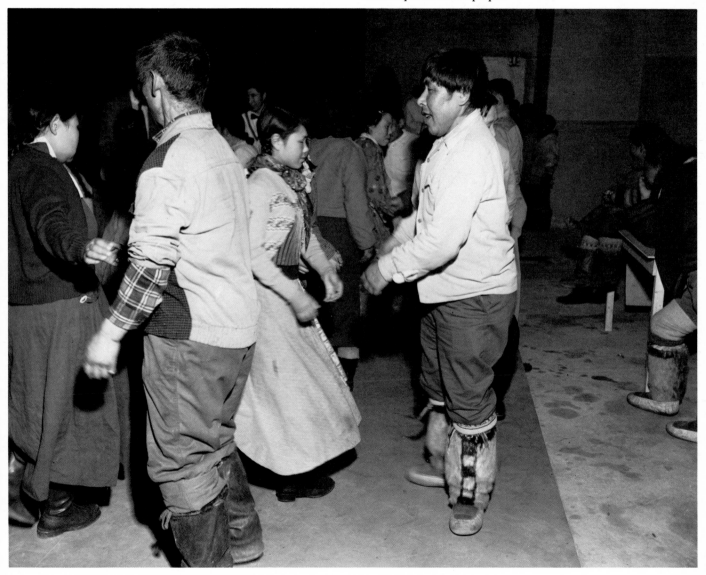

"Pleasure-boat minstrels", Talbot Lake, Alberta, 1914.   «Musiciens ambulants», lac Talbot (Alberta), 1914.

Gentleman playing the violoncello at home, Montreal, 1968.

Violoncelliste à l'oeuvre chez lui, Montréal, 1968.

Informal orchestra, Maple Creek, Saskatchewan, c. 1903.

Orchestre à la bonne franquette, Maple Creek (Saskatchewan), vers 1903.

Young Egyptian playing the *kanun*, Toronto, 1974.   Petit Égyptien jouant du qānūn, Toronto, 1974.

Ukrainian Christmas-carollers, Ottawa, 1974. During the Ukrainian Christmas season, January 6–18, which is based on the Gregorian Calendar, groups of carollers entertain friends and neighbours, often in return for money or hospitality.

Children celebrate the ancient rites of spring by dancing around the maypole at Pine Lake, Alberta, c. 1919. In ancient times, fruits and vegetables would have been hung from the ribbons on the pole, representing a tree. The object was to induce the spirits of fertility to yield a good harvest.

Ukrainiens interprétant des Noëls, Ottawa, 1974. Chez les Ukrainiens, au cours de la période des fêtes de Nöel (du 6 au 18 janvier parce qu'elle est établie d'après le calendrier grégorien), des groupes de chanteurs divertissent amis et voisins souvent pour recevoir en retour de l'argent ou l'hospitalité.

Enfants célébrant les anciens rites du printemps en dansant autour du mai au lac Pine (Alberta), vers 1919. On aurait pendu jadis des fruits et des légumes aux rubans attachés au mât représentant un arbre. Cette coutume avait pour but d'inciter les dieux de la fertilité à accorder une bonne récolte.

Drummers in the Orangemen's parade, Toronto, 1964.

Tambours faisant partie du défilé de la fête des Orangistes, Toronto, 1964.

Dancing the jig, Cap-des-Rosiers, Quebec, 1968. Popular among French Canadians, the jig was probably borrowed from the Scots and Irish.

Danseurs de gigue, Cap-des-Rosiers (Québec), 1968. Populaire chez les Canadiens français, cette danse a probablement été empruntée des Écossais et des Irlandais.

Ukrainian wedding dance, Oakburn, Manitoba, 1921. One of the most persistent themes in the reminiscences of our pioneers is how they were able to make their own fun in spite of poverty and isolation.

Dancing the *dabkah*, a Lebanese folk dance, Toronto, 1974.

Danse nuptiale ukrainienne, Oakburn (Manitoba), 1921. Malgré leur pauvreté et leur isolement, nos pionniers trouvaient moyen de bien s'amuser et c'est un des souvenirs les plus vivants qu'ils nous ont laissés.

Danseurs de *dabkah*, danse folklorique libanaise, Toronto, 1974.

Music at home, Montreal, 1965.

Séance de musique, Montréal, 1965.

Greek women chatting at the laundromat, Montreal, 1967. The laundromat is the city equivalent of the rural general store or post office for the neighbourly exchange of news.

Grecques jasant à la laverie, Montréal, 1967. La laverie remplace en ville le magasin général ou le bureau de poste de la campagne pour l'échange des potins du quartier.

Friends meet at a Montreal restaurant, 1966.

Woman under a hair dryer enjoying a modern form of story-telling, Ottawa, 1966.

Bavardage dans un restaurant de Montréal, 1966.

Femme sous le séchoir se divertissant à la lecture d'un récit «à la mode», Ottawa, 1966.

Judging by the smile on this teenager's face, the story or "line" she is hearing is a good one. Wasaga Beach, Ontario, 1966.

À en juger du sourire traversant la figure de cette adolescente, elle vient d'en entendre une bonne! Wasaga Beach (Ontario), 1966.

Loggers' pay night at the tavern, Maniwaki, Quebec, 1946.

Bûcherons à la taverne, le jour de la paie, Maniwaki (Québec), 1946.

The J.B.M. St-Laurent store, Compton, Quebec, c. 1940. Informal male gatherings at the local co-op or post office for the exchange of stories and news are still very much a part of the life of rural Canada.

Intérieur du magasin de J.B.M. Saint-Laurent, Compton (Québec), vers 1940. Les rassemblements d'hommes à la co-op ou au bureau de poste pour échanger histoires et potins constituent encore un aspect important de la vie dans les campagnes.

Polish priest telling a story at a picnic, Calgary, 1957.

Prêtre polonais racontant une histoire lors d'un pique-nique, Calgary, 1957.

Parishioners gather after service, Warman, Saskatchewan, 1975. For farmers and their wives, Sunday service provides the opportunity for a good chat with friends, who often live at some distance.

Rassemblement de paroissiens après un office, Warman (Saskatchewan), 1975. L'office dominical donne l'occasion aux fermiers et à leurs épouses de bavarder avec des amis dont ils sont souvent assez éloignés.

Listening to the radio, Big Eddy Reserve, Manitoba, c. 1943. Radio largely took over storytelling and reading aloud in the home, and is in turn being replaced by television.

À l'écoute de la radio, réserve Big Eddy (Manitoba), vers 1943. La radio a grandement remplacé les histoires et la lecture à haute voix dans les foyers; à son tour, elle se voit remplacée par la télévision.

Father reading a bedtime story to his children, Calgary, 1965. The last stronghold of the fairy-tale.

Père lisant une histoire à ses enfants à l'heure du coucher, Calgary, 1965. C'est la dernière forteresse du conte de fée.

Belief

Croyances

The need to believe in a meaningful universe is one of our most basic impulses. In folk belief, as in the doctrines of organized religion, we try to formulate the nature of our relationship with the unknown. Folk belief, or "superstition", plays some part in most people's lives. Farmers and fishermen trust their weather lore, and actors and baseball players observe strict rituals to bring good luck. Others of us avoid walking under ladders or toss salt over our shoulders to keep from harm. We observe these rites to conform to "truths" that exist beyond perceived reality.

La croyance en un principe suprême constitue l'un de nos instincts les plus fondamentaux. À travers les croyances populaires comme à travers les doctrines religieuses nous tentons de comprendre la nature de notre relation avec l'inconnu. Les croyances populaires, les superstitions jouent un certain rôle dans la vie de la plupart des gens. Ainsi, les fermiers et les pêcheurs se fient à leur capacité innée de prévision du temps, les acteurs et les grands sportifs observent certains rites précis pour attirer la chance. D'autres parmi nous évitent de marcher sous une échelle ou jettent du sel par-dessus leur épaule pour se protéger du malheur. Tous ces rites, ces superstitions qui font partie de notre existence nous aident à accepter l'inconnu et à vivre avec lui.

Roman Catholic church, Normandin, Quebec, 1965.

Doukhobor prayer meeting; undated. The sign is probably a rebuke to some act of government interference. The Doukhobors, especially the extremist wing, the Sons of Freedom, have often found themselves in conflict with Canadian laws on such matters as schooling and community ownership of land.

Église catholique, Normandin (Québec), 1965.

Assemblée de prière chez les doukhobors; sans date. Le placard se veut probablement être un reproche envers quelque interférence du gouvernement. Les doukhobors, en particulier l'aile extrémiste «Sons of Freedom» (fils de la liberté) ont souvent été en conflit avec les lois canadiennes en ce qui a trait surtout à la scolarité et à la propriété communautaire de la terre.

Wagons leave Old Order Mennonite church, Elmira, Ontario; undated. Old Order Mennonites avoid using automobiles and other modern machinery and gadgets.

Voitures s'éloignant d'une église mennonite, Elmira (Ontario); sans date. Les mennonites de la conférence Old Order évitent d'utiliser l'automobile et les autres inventions modernes.

Priest leading a service in a Bukovinian ceremony on Easter day at Desjarlais, Alberta; undated. Before being "shared" with the spirits of the dead at each grave, the food is blessed at this outdoor altar. In the background, women decorate the graves.

Célébrant à une cérémonie bucovinienne du jour de Pâques à Desjarlais (Alberta); sans date. On bénit la nourriture sur cet autel avant de la «partager» avec les esprits des défunts à chaque tombe. À l'arrière-plan, des femmes décorent les tombes.

Poles celebrating Shrove Tuesday, the day before the Lenten fast begins, Alberta, c. 1920. The man dressed in the straw skirt personifies Shrove Tuesday, and the animal effigy represents the evils of nature. Both are about to be "sacrificed" to greet the holy season of Lent and the coming of spring. Of course, as in pre-Lenten observances elsewhere, the occasion is also a good excuse to feast before the coming forty-day fast.

Polonais célébrant le Mardi-Gras qui précède le jeûne du Carême (Alberta), vers 1920. Le participant en jupe de paille personnifie le Mardi-Gras et la tête d'animal représente les forces ténébreuses de la nature. On doit les sacrifier tous les deux pour accueillir le saint temps du Carême et la venue du printemps. Comme cela se fait ailleurs, l'occasion est également prétexte à bombance avant les quarante jours de jeûne qui vont suivre.

Russian Orthodox congregation assembles in front of its church in Winnipeg, c. 1910, for baptism parade to the Red River.

Fidèles russes orthodoxes rassemblés devant l'église à Winnipeg pour la procession du baptême à la rivière Rouge, vers 1910.

Interior of the same early Russian Orthodox church, c. 1895. The impoverished Russian immigrant congregation built its first church from scraps and leftover building materials.

Omar the Astrologer, Vancouver, 1932. Astrology experienced a great revival in the 1960s, when "What sign are you?" became a popular opening in the mating ritual.

Intérieur de cette même église russe orthodoxe, vers 1895. Les paroissiens immigrants russes, appauvris, bâtirent leur première église avec des restes de matériaux de construction.

Omar l'astrologue, Vancouver, 1932. L'astrologie a connu un grand renouveau vers les années 60 lorsque la question «De quel signe êtes-vous?» a commencé à servir de tactique d'approche dans le rituel de rencontre.

Sikh priest at altar, Vancouver, c. 1946.

Prêtre sikh à l'autel, Vancouver, vers 1946.

crutches of people who have been miraculously
shrine of Sainte-Anne-de-Beaupré, Quebec, c. 1900.
of the largest and most popular religious shrines in
ica.

Ex-voto au sanctuaire de Sainte-Anne-de-Beaupré (Québec), vers
1900. Ce sanctuaire est un des plus grands et des plus populaires
en Amérique du Nord.

Good-luck horseshoe over the front door of a house in Ottawa, 1957. The shoe faces up to hold in the luck.

Fer à cheval porte-bonheur surmontant la porte principale d'une maison d'Ottawa, 1957. Le fer est tourné vers le haut afin de contenir la chance.

Ku Klux Klan in Kingston, Ontario, 1927. The Klan enjoyed brief popularity in parts of Canada in the 1920s.

Le Ku Klux Klan à Kingston (Ontario), 1927. Cette société connut une brève popularité au Canada dans les années 20.

Indians at outdoor worship, British Columbia; undated. A façade resplendent with tin-can bells replaces actual church.

Shrine to God of Earth in Chinese home, Edmonton, 1975.

Indiens participant à une cérémonie en plein air (Colombie-Britannique); sans date. Une fausse façade garnie de cloches faites de boîtes en fer-blanc tient lieu d'église.

Autel chinois au dieu de la Terre, Edmonton, 1975.

Statue of the Madonna at an Italian religious festival celebrating the Annunciation, Oakville, Ontario, 1972. This is a major religious festival of Italian-Canadians.

Statue de la Madone à une fête religieuse italienne célé[...] l'Annonciation, Oakville (Ontario), 1972. L'Annoncia[...] une des principales fêtes religieuses des Canadiens ita[...]

Gypsy woman on funeral bier, Winnipeg, 1919.

Gitane sur un catafalque, Winnipeg, 1919.

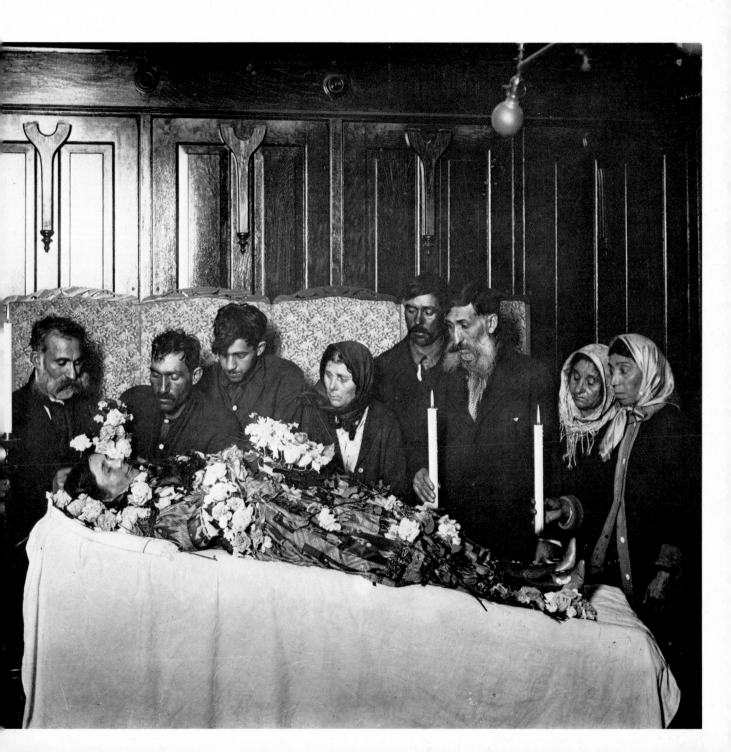

Ojibwa mourners in graveyard, Lake of the Woods, Manitoba, c. 1973. A tobacco offering hangs from the pole.

Visite au cimetière sauteux, lac des Bois (Manitoba), vers 1973. Une offrande de tabac pend du mât.

Mennonite men and boy tending a graveyard, Ontario, c. 1959. This is an annual communal event in many rural communities.

Hommes et garçon mennonites entretenant un cimetière (Ontario), vers 1959. Ce rite est un événement annuel pour plusieurs communautés rurales.

Eskimo graveyard on the permafrost, where graves cannot be dug below ground. Chesterfield Inlet, Hudson Bay, 1946.

Cimetière esquimau sur le pergélisol où on ne peut creuser de fosses dans le sol, Chesterfield Inlet, baie d'Hudson, 1946.

Echoes

Échos

All through the journey of life we experience moments of hope for escape into a timeless, "ever-after" state of happiness. We come closest to finding it in our traditions, which often seem to defy time. They provide continuity with the past and make the present more understandable. In leaving their former homelands, Canadians have inevitably selected and re-evaluated their traditions. Many have been discarded, but those that have been retained have a special magic, and help us to approach the future with a better idea of who we are.

Tout le long du voyage de la vie, nous aspirons par moments à un état de bonheur immuable. Nos traditions, qui semblent souvent défier le temps, nous rapprochent de cette béatitude: en assurant la continuité du passé, elles nous permettent de mieux comprendre le présent. Ainsi, après avoir quitté leur mère patrie, nos ancêtres ont dû inévitablement réévaluer leurs traditions et en faire une sélection; celles qu'ils ont décidé de perpétuer ont un certain pouvoir surnaturel, elles nous aident à envisager l'avenir avec une meilleure connaissance de nous-mêmes.

Farm auction, Taunton Road, Durham County, Ontario, 1965.

Woman with a collection of Indian curios, Winnipeg, c. 1890. The impulse to collect the past often becomes a compulsion. When objects from the distant past become too expensive, collectors turn to the more recent past and to mundane articles such as bottles and comic books.

Encan dans une ferme, chemin Taunton, comté de Durham (Ontario), 1965.

Femme auprès d'une collection d'objets amérindiens, Winnipeg, vers 1890. Le besoin de collectionner des objets anciens se transforme souvent en manie. Si les antiquités comme telles deviennent trop dispendieuses, les collectionneurs se tournent vers toutes sortes d'articles moins anciens comme des bouteilles et des livres de bandes dessinées.

Yukon Order of Pioneers gathered in front of their hall on 17 August 1913 to celebrate Discovery Day, commemorating the Klondike gold strike in 1896.

Membres du Yukon Order of Pioneers rassemblés devant leur salle de réunion le 17 août 1913 afin de célébrer l'anniversaire de la découverte de l'or au Klondike en 1896.

"Oh! that those lips had language." Photographs of Chilliwack pioneers, 1858–1871, assembled by the secretary of the Chilliwhack Pioneer Society, British Columbia.

«Ah! Ces lèvres fussent-elles douées de la parole!» Photographies des pionniers de Chilliwack, 1858–1871, assemblées par le secrétaire de la Chilliwhack Pioneer Society (Colombie-Britannique).

Icelandic and Danish float, Markerville or Red Deer, Alberta, c. 1920. The parade float has long served in Canada as the prime means for expressing ethnic pride. Although usually built with local materials by homegrown talent, the floats display imagination and technical ingenuity.

Char allégorique des Islandais et des Danois, Markerville ou Red Deer (Alberta), vers 1920. Les chars allégoriques sont depuis longtemps le moyen d'expression favori des manifestations ethniques au Canada. Même s'ils sont faits le plus souvent par des amateurs avec les moyens du bord, ils témoignent d'un sens aigu de l'imagination et de la débrouillardise.

Girls in Welsh costume, Jubilee celebrations, Prince Rupert, British Columbia, 1935.

Jeunes filles en costume gallois lors des célébrations du Jubilé, Prince Rupert (Colombie-Britannique), 1935.

Men in Viking costume at the annual Icelandic Day festivities, Gimli, Manitoba, 1972. Extravagant and playful symbols often signal a growing alienation from one's roots. Another example is the Irish paraphernalia and the green beer that appear on St. Patrick's Day.

Fredericton woman poses under a banner of the Imperial Order Daughters of the Empire, 1968.

Hommes déguisés en Vikings, festival islandais annuel de Gimli (Manitoba), 1972. L'extravagance et la loufoquerie des symboles ethniques indiquent souvent un éloignement croissant des origines. On en trouve un autre exemple dans tous les éléments verts (la bière verte) et tréflés entourant la Saint-Patrice.

Dame posant devant une bannière de l'Ordre impérial des filles de l'Empire, Fredericton (Nouveau-Brunswick), 1968.

Spinning wheel in front of the Vieux Temps antique shop, Quebec City, 1965. In Canada the spinning wheel has become the symbol for "antique", but it was still in use at the turn of the century.

Rouet devant la façade du magasin d'antiquités Vieux Temps à Québec, 1965. Le rouet est devenu au Canada symbole d'antiquité, mais on l'utilisait encore au début du siècle.

Tudor-style architecture captures the spirit of the past at the Olde English Inn in downtown Victoria; undated. Commercial exploitation, as well as celebration, of the past is seen in all parts of Canada.

Le Olde English Inn au centre-ville de Victoria est un reflet du passé par son architecture de style Tudor; sans date. À travers le Canada entier, le passé revit sous forme d'exploitation commerciale aussi bien que de commémoration.

Shrine area in Welsh home, Toronto, 1975. Such displays of old-country mementoes are often seen in Canadian homes. Usually they are arranged on a small shelf or a mantelpiece, but occasionally whole rooms are given over to the expression of old loyalties.

Eskimos eating *muktak* the old way, in front of the family "hearth", at Koartac, Quebec; undated. Surroundings may change, but rituals die slowly.

Sanctuaire dans un foyer gallois, Toronto, 1975. En maints foyers canadiens, on trouve un sanctuaire arborant des souvenirs de la mère patrie. En général, ils sont relégués sur une tablette ou un manteau de cheminée mais, dans certains cas, c'est toute une pièce qui est consacrée au pays d'origine.

Famille esquimaude mangeant du *muktak* à l'ancienne façon devant le «feu» familial. L'environnement peut changer, mais les rites meurent doucement.

An "old wife", northern Alberta; undated. She has adopted the European style of clothing.

Children with snowshoes, Hull, Quebec, 1974. Cross-cultural exchanges have been characteristic of the Canadian scene throughout our history.

Vieille femme, nord de l'Alberta; sans date. Elle s'habille à l'européenne.

Des enfants et leurs raquettes, Hull (Québec), 1974. L'adoption de coutumes d'autres groupes culturels caractérise la vie canadienne à travers l'histoire.

Alberta girl on her way to school on horseback, c. 1938. Just a generation ago, most Canadian children made their own way to the local school, although few were lucky enough to have a horse.

Jeune Albertaine en route pour l'école à dos de cheval, vers 1938. Il y a à peine une génération, la plupart des jeunes Canadiens devaient se rendre à l'école par leurs propres moyens; quelques-uns d'entre eux avaient la chance d'y aller à cheval.

Mennonite child displaying family histories in Fraktur style of illumination. Ontario, c. 1959.

Petit mennonite encadré de tableaux généalogiques enrichis d'enluminures de style Fraktur, (Ontario), vers 1959.

Norwegian-Canadians at a Dominion Day picnic, Bella Coola, British Columbia, 1921.

Canadiens norvégiens à un pique-nique de la fête du Dominion, Bella Coola (Colombie-Britannique), 1921.

Epilogue

Épilogue

Tradition is a web that binds people together through time and space. To some degree we are all bearers of tradition: as minstrels, storytellers or gossips we maintain our myths and legends, and contribute to a world that is always "once upon a time".

> *Let us go forth, the tellers of tales, and seize whatever prey the heart long for, and have no fear. Everything exists, everything is true, and the earth is only a little dust under our feet.**

La tradition est un lien qui unit les gens dans le temps et dans l'espace. Chacun de nous véhicule un certain bagage de traditions; ménestrel, conteur ou potineur, chacun entretient ses propres mythes et légendes et contribue ainsi à l'édification d'un monde dont l'histoire commence toujours par «Il était une fois».

> *Car les rites sont dans le temps ce que la demeure est dans l'espace (. . .) Et je ne connais rien au monde qui ne soit d'abord cérémonial. Car tu n'as rien à attendre d'une cathédrale sans architecte, d'une année sans fêtes (. . .) ni d'une patrie sans coutumes.**

*W.B. Yeats, *The Celtic Twilight and a Selection of Early Poems*. New York: New American Library, Signet Classic, 1962, p. 34.

*Antoine de Saint-Exupéry, *La citadelle*, Gallimard, chap CXXV.

Do you have photos of your own to add?   Avez-vous des photos personnelles à ajouter?